Y5 1165

LETTRE

DE M. ***,

À MADAME DE ***,

Sur le nouveau Spectacle donné sur le grand Théâtre du Palais des Thuilleries, le Dimanche 31 Mars 1754.

Par le Sieur SERVANDONI, Chevalier de l'Ordre Militaire de Christe, Peintre & Architecte ordinaire du Roi, & de son Académie Royale.

Prix 12 *f.*

A PARIS,

De l'Imprimerie de BALLARD, Seul Imprimeur du Roy pour la Musique, & Noteur de la Chapelle de Sa Majesté, Rue S. Jean de Beauvais, à Ste. Cécile.

M. DCC. LIV.

Avec Approbation & Permission.

( )

LETTRE

DE M. ***,
A MADAME DE ***,

ADAME,

L'Auteur de l'Art Poëtique semble ici donner quelque avantage à la Peinture sur la Poësie, en proposant à celle-ci l'Art & les regles de la Peinture pour modèle. En effet, ces masses, cette force des objets, cette dégradation, ces ombres, ces coups de lumière paroissent encore plus apparte-

A ij

hir à la Peinture qu'à la Poësie. Mais ici le Peintre ne rougira point d'avouer qu'il emprunte aujourd'hui de la Poësie, non-seulement le sujet, mais encore les images frappantes, qu'il se propose d'exposer aux yeux du Public.

C'est dans le Poëme de la Jérusalem délivrée, du Tasse, que le Chevalier Servandoni a puisé son sujet ; il a divisé ce nouveau Spectacle en cinq Actes, dont la principale action doit être le triomphe de Renaud sur les enchantemens d'Ismen.

Après le mauvais succès de Lussant, donné aux murs de Jerusalem par l'armée des Chrétiens, & la déroute que leur causa le renversement & l'incendie de leurs machines de guerre, Ismen se flatta de reduire à la derniere extrêmité les troupes de Godefroi, par la seule force de son art : il espera de les mettre par l'enchantement de la forêt, dans l'impossibilité de construire de nouvelles machines, & dans la nécessité de lever le Siége, ou de périr misérablement sous les murs de Jérusalem, où les excessives chaleurs du climat & de la saison, & plus encore la disette des eaux, les tenoient dans un état de foi-

bleſſe & de langueur, qui ne pouvoit man-
quer de leur devenir funeſte.

C'eſt pour remplir cette idée que le Chevalier Servandoni s'eſt principalement atta-
ché aux Chants XIII & XVIII du fameux
Poëme du Taſſe, comme plus propres à lui
fournir la matiere de pluſieurs ſpectacles
variés, dans leſquels il a déployé tout ce
que l'Art de la Peinture, de la Perſpective,
& des Méchaniques peut fournir de plus
noble & de plus ſurprenant pour l'exécu-
tion de ſon projet.

PREMIER ACTE.

Le premier Acte offre aux yeux des ſpe-
ctateurs une Forêt ſituée dans un valon
ſolitaire : la nuit qui y regne redouble encore l'horreur qu'inſpire naturellement un
bois antique, dont l'épais feuillage ne laiſſe
qu'une foible entrée à la ſeule lumiere de
la Lune. Le ſilence qui y regne n'eſt inter-
rompu que par les chants funebres des Oi-
ſeaux de mauvais augure. On y voit arriver
de toutes parts des Magiciennes, d'abord
diſperſées, qui ſemblent s'y raſſembler pour
célébrer quelques-unes de leurs cérémo-

nies infernales ; mais elles s'éloignent par
respect lorsqu'elles apperçoivent Ismen qui
s'achemine vers la Forêt , par le devant de
la Scene, pour exécuter le projet qu'il a for-
mé de rendre à jamais cette Forêt inaccef-
sible aux Chrétiens par la force de ses enchantemens.

A peine a-t-il commencé ses mysteres
magiques , que la Lune qui étoit pâle, se
teint de couleur de sang à ses imprécations.
Fier de ce premier succès il redouble ses
conjurations ; les Démons accourent à sa
voix ; l'enchanteur les engage à favoriser
son entreprise ; & enfin les Magiciennes
qui s'étoient éloignées par respect , revien-
nent en foule féliciter Ismen sur le succès
de ses opérations, & forment une marche
qui est un espece d'hommage qu'elles ren-
dent à ce puissant enchanteur , & qui est
pour lui une sorte de triomphe.

SECOND ACTE.

Le second Acte se passe dans la Mos-
quée, qui forme la seconde Décoration ;
Aladin y paroît assis sur un thrône entouré
par ceux qui composent son Conseil. L'ab-

battement de ce Prince eſt exprimé par ſon attitude & ſa profonde rêverie. Les différens Membres de ſon Conſeil ſemblent chercher à l'en tirer par leurs conſeils, dont la différence ne peut être marquée que par la lenteur ou par la vivacité de leurs actions. Le Muphti ou Chef de la Loi eſt un des principaux Conſeillers de ce Prince, & marque comme les autres ſon zèle & ſon ardeur; mais Argand plus impétueux, prend ſes armes, ſemble venir demander à Aladin la permiſſion d'aller défier au combat les plus courageux & les plus fiers des ennemis. Dans ce moment l'enchanteur Iſmen paroît avec ſa ſuite; il arrête Argand, & l'oblige à lui remettre ſes armes. C'eſt en montrant ſa baguette & en faiſant remarquer le zèle des Magiciens qui le ſuivent, qu'il paroît rendre compte de tout ce qu'il vient de faire pour rendre à jamais impuiſſans les nouveaux efforts que les ennemis voudroient tenter contre la Ville de Jéruſalem.

Ce conſeil ſe tient de nuit dans la Moſquée, éclairée par des lampes. Non-ſeulement le Chef de la Loi & ſa ſuite contribueront à la variété des perſonnages, mais

encore à celle de l'action, en faisant quelques cérémonies de leur Loi, pour rendre
graces à Mahomet des succès dont Ismen
vient de rendre compte.

TROISIEME ACTE.

On apperçoit dans le troisiéme Acte la Forêt enchantée, mais dans une autre situation.
Au lieu des épaisses ténébres qui en faisoient
un objet d'horreur, elle paroit ici éclairée
des rayons du jour : on y voit une troupe de
travailleurs de l'armée Chrétienne, avec
les instrumens nécessaires pour y couper les
arbres dont on doit construire de nouvelles
machines pour le Siége de Jérusalem. Ils
paroissent animés de la joie qu'ils ont de
pouvoir contribuer par leurs travaux à la
prise de cette Ville : leur premier soin est
pourtant de profiter de l'ombre des arbres
pour se reposer ; mais tout-à-coup des
vapeurs qui sortent de la terre les étonnent :
ces vapeurs augmentent & deviennent de
plus en plus épaisses & noires. Les travailleurs s'effrayent & prennent la fuite ; des
Monstres sortent de toutes parts de la Forêt ; ils paroissent suivre de l'œil les travail-

leurs épouvantés, & se féliciter de les avoir mis en fuite : cependant quelques-uns des Ouvriers s'arrêtent, croyant appercevoir quelque chose de nouveau dans la Forêt, ils appellent leurs camarades ; ils s'attroupent, & se grouppent comme arrêtés par leur curiosité : alors on voit arriver Alcaste à la tête d'une troupe d'Infanterie destinée à soutenir les travailleurs. Ceux - ci suivent les Soldats d'Alcaste ; mais c'est avec les démonstrations de leur frayeur ; dans cet instant un bruit épouvantable les frappe d'une nouvelle terreur, & les oblige à suspendre leur marche. Alcaste les ranime, ils avancent ; alors le bruit redouble, & devient semblable à celui des vents & des flots en fureur. Une multitude d'animaux terribles se mêlent à ces bruits, & en augmentent l'horreur ; la troupe s'arrête encore, & paroît disposée à prendre la fuite. Alcaste court au-devant d'eux, & les arrête ; il les rallie : d'affreux tremblemens de terre & d'horribles coups de tonnerre achevent de les décourager & de les effrayer.

Alcaste emporté par son courage avance avec intrépidité ; mais une muraille enflammée s'oppose à son passage ; des tours de feu servent de rempart : aussi-tôt la muraille s'écroule, & il sort une foule de Démons qui livrent le combat aux soldats d'Alcaste : ceux-ci avec les travailleurs perdent enfin courage, & prennent la fuite ; Alcaste reste seul, & les Monstres jettant du feu, l'obligent à se retirer, désespéré, confus & abandonné de tous les siens.

QUATRIEME ACTE.

Cette Scene d'horreur fait place à une nouvelle décoration, qui présente aux spectateurs le Camp de Godefroy de Bouillon : ce Général est dans sa tente ; il y paroit enseveli dans la profonde douleur que lui causent non-seulement les prodiges de la Forêt enchantée, mais encore l'excessive chaleur & le défaut des eaux, qui réduit son armée dans une cruelle extrêmité, & fait périr un grand nombre de ses soldats. Tous les Chefs de l'armée font autour de lui ; Alcaste y arrive ; mais il ne répond à l'empressement & à la curiosité des Chevaliers qui l'entourent qu'en se cachant le visage, & en s'échappant de leurs mains

pour aller cacher sa honté & son désespoir,
qui ne décellent que trop le peu de succès
de son entreprise.

Alors on voit arriver l'Hermite Pierre
qui conduit Renaud, accompagné d'Abalde
& du Chevalier Danois ; Renaud s'incline
avec respect devant son Général : celui-ci
le reçoit avec bonté. Tous les Chefs de
l'armée se félicitent du retour de ce jeune
Guerrier, & s'empressent à l'embrasser.

Alors Godefroy fait apporter l'épée qu'un
Chevalier , par un ordre du Ciel , avoit
apportée au camp après la mort du brave
Suïne ; il la remet à Renaud ; & faisant
assembler les travailleurs , il leur montre
Renaud comme celui qui doit les conduire
à la Forêt , & que le Ciel a choisi pour
leur faire surmonter tous les enchantemens
& tous les obstacles que les Démons leur
avoient jusques à ce moment opposés.

CINQUIEME & *dernier* ACTE.

C'est encore ici la Forêt enchantée , mais
sous un nouvel aspect , & dans toute son
étendue. L'Aurore éclaire d'abord foible-
ment & par degrés ; la lumiere augmente

& forme un beau jour. Renaud paroît s'a-
vancer vers la Forêt. Ce n'est plus cette
Forêt triste & sauvage, inspirant l'horreur
& l'effroi ; elle paroît en ce moment d'une
verdure fraîche & riante ; les ombrages en
font charmans ; les oreilles y sont frappées
par les sons les plus agréables. Renaud sus-
pend un moment sa marche ; bientôt il s'a-
vance quoique lentement, jusqu'à l'entrée
de la Forêt ; il la trouve environnée d'une
riviere dont les eaux coulent avec tranqui-
lité. Un bras de cette riviere en se parta-
geant, prend son cours par le milieu de la
Forêt, & joint sa fraîcheur à l'ombre des
arbres qu'elle arrose. Renaud en cherchant
le moyen de traverser cette riviere, apperçoit un Pont, sur lequel il passe ; mais à
peine a-t-il touché l'autre bord, que tout-à-
coup les eaux enflées & les efforts d'un tor-
rent impétueux viennent troubler la tran-
quilité de cette belle riviere, & menacer le
Pont d'une ruine prochaine.

Renaud sans être épouvanté de ce premier prodige, s'avance dans la Forêt ; un
sentier étroit le conduit à une place assez
spacieuse, au milieu de laquelle s'éleve un
Myrthe, qui par sa hauteur & sa beauté

semble être le Roi de tous les arbres qui
l'environnent. Renaud va droit à cette place:
alors un des arbres voisins s'entr'ouvre; il
en sort une belle, mais fausse Driade, vê-
tue d'une façon singuliere. Les autres arbres voisins lui offrent le même spectacle.
De chacun de ces arbres il sort autant de
Nymphes ; leurs robbes sont retroussées ;
leurs cheveux tombent en grosses boucles
sur leurs épaules ; leurs chaussures sont des
brodequins ; au lieu d'arcs & de flêches,
comme en portent les Nymphes de Diane.
Elles ne sont armées que de Lyres, de Sy-
stres, & d'autres instrumens de Musique.
Elles forment un cercle autour de Renaud.
En même-temps le Myrthe s'ouvre à son
tour, & présente aux yeux du Guerrier un
Démon sous la figure d'Armide. Le Héros
loin de se laisser séduire par un enchantement si dangereux, s'arme de son épée, &
s'avance vers le Myrthe. Les fausses Nymphes tentent en vain de le retenir, en l'en-
tourant de guirlandes de fleurs dont elles
voudroient enchaîner son courage. Renaud
brise ces foibles chaînes, leve le bras pour
frapper le Myrthe : alors d'horribles éclats
de tonnerre se font entendre, la terre pa-

roit violemment ébranlée ; il en fort d'affreux mugiffemens ; un énorme Géant prend
la place de la fauffe Armide ; les Nymphes
font changées en autant de Cyclopes. L'in-
trépide Guerrier malgré tous les efforts
de ces Monftres , laiffe tomber fur le
Myrthe les coups de fa redoutable épée.
L'arbre gémit, Renaud redouble fes efforts,
& coupe enfin l'arbre fatal. En un inftant
tout enchantement ceffe, les Démons quit-
tent la Forêt ; les uns s'envolent , & les autres la traverfent avec épouvante. Auffi-tôt
la Forêt redevient tranquile , & dans fon
état naturel ; elle laiffe appercevoir à Renaud quelques foldats qui s'étoient avancés
pour voir quel feroit le fuccès de fon en-
treprife. Bien-tôt on entend un bruit de
guerre , les troupes s'avancent , les ouvriers
arrivent armés de haches & de coignées. La
Forêt retentit de leurs coups ; les Guerriers
s'approchent de Renaud. Un Page lui pré-
fente un cheval richement enharnaché ; il le
monte, & lui fait faire quelques mouve-
mens. Au bruit des inftrumens de guerre,
trois Compagnies de Cavalerie avec plu-
fieurs Généraux , dans le plus riche & le
plus brillant équipage , viennent prendre

Renaud pour le conduire en triomphe au Camp de Godefroy de Bouillon ; & dans le moment qu'il s'eſt éloigné, tous les arbres de la Forêt ſont abbattus, tombent avec fracas, & rempliſſent le Théâtre de leurs débris.

Telle eſt à peu-près, Madame, l'idée que je puis vous donner du Spectacle que le Chevalier Servandoni donne au Public.

J'ai l'honneur d'être, &c.

APPROBATION.

J'A I lû, par ordre de Monſeigneur le Lieutenant-Général de Police, un écrit intitulé : *Lettre de M.***, à Madame de ****. Et je crois que l'on peut en permettre l'impreſſion. A Paris ce 29 Mars 1754.

CRE'BILLON.

Vû l'Approbation, permis d'imprimer. Ce 29 Mars 1754.

BERRYER.